Christel Jahn

Ich habe dir nie einen flachen Berg versprochen!

Eine Frau und ihre „Tortour“ de France

FRIELING

Die Deutsche Bibliothek – CIP-Einheitsaufnahme
Jahn, Christel:
Ich habe dir nie einen flachen Berg versprochen! : eine Frau und ihre „Tortour“ de France / Christel Jahn. – Orig.-Ausg.,
1. Aufl. – Berlin : Frieling, 1999
ISBN 3-8280-0943-3

Hünefeldzeile 18, D–12247 Berlin-Steglitz
Telefon: 0 30 / 76 69 99-0

ISBN 3-8280-0943-3
1. Auflage 1999
Umschlaggestaltung: Michael Reichmuth
Bildnachweis: Georg Kumpfmüller

Printed in Germany

Wie alles anfing

Eine Frau und ein Mann, die in enger Beziehung zueinander stehen, wollen einen gemeinsamen Aktivurlaub machen. Beide besitzen ein Rad. Also liegt eine Radtour ziemlich nahe. Alles sollte ein bisschen anders werden als sonst immer.

Der Mann neigt im Alltagsleben zur Askese, die durch starke Neigungen zu Exzessen in jeder Richtung hinterfragt wird. Die drauffolgende Reue lässt immer wieder auf Besserung hoffen. Mit seinen 51 Jahren liegt er sehr gut im Trainung – ca. 10.000 km im Jahr. Wenn es irgend möglich wäre, würde er auch 20.000 km fahren. Aber eventuell auftretende Familienzwistigkeiten und die Kündigung des Arbeitsplatzes halten ihn noch davon ab.

Er ist besessener Rennradler und macht zur Zeit eine Entscheidungskrise durch, ob das Rennrad oder das Mountainbike der weitere Wegbegleiter sein werden. Bisher sind es nur drei Räder, die im Keller auf Bewegung warten.

Über seine körperlich-technischen Daten ist er bestens informiert. Der Puls wird vor dem Aufstehen gemessen. Die Herzfrequenzwerte werden der gesamten Familie mitgeteilt, mit dem Kommentar, dass 20- bis 30-Jährige neidisch sein könnten auf solche Werte. Er ist, trotz leichten Bauchansatzes, topfit.

Auch plötzliche Liegeanfälle auf dem heimischen Sofa rühren nicht von altersgemäßen Ruhebedürfnissen her, sondern dienen nur der Überprüfung, in (fast) allen Lebenslagen zu beweisen, dass sein Puls und somit sein Herz bestens trainiert ist und er auf dem einzig richtigen Weg ist.

Dem Anliegen, in jeder (!) Lebenslage die Pulsfrequenz zu messen, konnte Frau sich gerade noch widersetzen, obwohl sie bei den fachmännischen Gesprächen schon bemerkt hatte, dass es doch ganz interessant für den echten Radler wäre. Frau unterstellt aber hier und jetzt, dass dieses männliche

Interesse einzig und allein der Frage gilt, bei welchem der Radler es am heißesten hergeht und inwieweit dieses Vergnügen der körperlichen Ertüchtigung in aeroben Zonen dient. Wenn sich ein Mensch in dieser Zone befindet, setzt eine wunderbare und natürliche Verbrennungsmaschine ein und beseitigt überflüssiges Fett. So wird es zumindest behauptet. Frau würde sich am liebsten nur noch in diesem Bereich befinden. Sie hat ihn nur noch nicht gefunden.

Die Frau ist überzeugte Radfahrerin. Sie benutzt das Fahrrad zum Einkaufen, zur Arbeit und zur Kneipe, im Gegensatz zum Mann, der noch nicht einmal zum Einkaufen das Fahrrad aus dem Keller holen würde.

Sie ist insgesamt zu rund, um als sportlich angesehen zu werden. Eher ein barocker Typ. Ihre Willensstärke lässt sie Probleme entschlossen angehen. Und wenn es Berge sind, die im (auf dem) Wege stehen.

Sie hat zwei Räder im Keller stehen. Eins fürs Tägliche und eins für Touren, die noch gefahren werden müssen. Gegen alle Selbstquälereien wie Abnehmen, Schwitzen beim Gehen, Berge hochrennen, wenn es auch eine Gondel gibt, empfindet sie eine tiefe Abneigung.

Trotz der vielen Bewegung, die sie im täglichen Leben vollziehen muss, ist sie nicht so gut im Training. Sie radelt aus nicht ganz durchschaubaren Gründen 500 km im Jahr auf einem totlangweiligen Heimtrainer vor dem Fernseher mit tränenreichen Herzschmerz-Filmen.

Sie fällt durch viermal jährliche Bekundungen zum besseren und gesünderen Leben auf. Diese Bekundungen werden auch mit entsprechenden Programmen, die einen einschlägigen Erfolg prophezeien, versehen. Eventuelle Erfolge werden sofort in Überzeugungsarbeit für ebenfalls Interessierte investiert. Misserfolge werden nicht so sehr beachtet.

Bei dieser Urlaubsplanung gehen Frau und Mann doch von sehr unterschiedlichen Vorstellungen aus. Frau will etwas für die Partnerschaft tun und könnte bei diesem Gedanken sogar Berge versetzen oder gar Berghöhen auf wunderbare Weise verkleinern. Der Mann hingegen ereilt einen Pass (Col, franz.) nach dem anderen und wandelt auf den Spuren heldenhafter Radgrößen und schwindelerregender Bergspitzen, auf die kein vernünftiger Mensch mit dem Fahrrad fahren würde.

Ratschläge von guten und weniger guten Freunden und Freundinnen

Alle Menschen aus der näheren und auch nicht so nahen Umgebung wurden um passende Ideen für die anvisierte Fahrradtour befragt.

Die eine Seite der Freundinnen bewunderte die mutige Entscheidung der Frau, mit dem rennradelnden Mann losfahren zu wollen.

Die andere Seite der guten Frauen beneidete gar die Frau um den opferbereiten Mann, der in die tiefen Gefilde des Radanfangs zurücksteigt. Das muss ja wirklich große Liebe sein.

Fast durchgängig wurden die Flussufer als die idealen Radfahrstrecken empfohlen. Da geht es ganz flach entlang, nur ab und zu ein netter kleiner Hügel und dann geht es gleich wieder abwärts – ist ja klar, sonst könnte der Fluss ja gar nicht fließen. Gemeinsam können die schönen Landschaften rechts und links vom Flussufer genossen werden. Die Seele geht auf, man vergisst den Alltagsstress, und die einladenden Cafés an der Strecke lassen die Anstrengungen leicht vergessen. Und was das Größte ist: Der Mann kann, wenn es ihm doch mal zu langsam vorwärts geht, weil Frau wieder mal ein Schwätzchen mit gleichgesinntem Paar führt, derweilen seitlich der Radstrecke die Berge hoch- und runterfahren.

Die Freunde bewunderten nicht ganz so stark das Ansinnen der Frau, mit dem Mann eine Radtour zu unternehmen. Die Frage nach dem Wohin war nicht so von starkem Interesse als die Frage nach der Kondition, die Kondition des Mannes war ja hinreichend bekannt. Die dann folgenden Vorschläge bezogen sich eigentlich allesamt auf zu erklimmende Berge, die in radlerbesessenen Kreisen als absolutes ‚Muss' angesehen werden.

Die Idee, eine Etappe der Tour de France zu fahren, kam dann tatsächlich vom Mann persönlich, obwohl er die Befindlichkeiten von Frau sehr gut kennt. Diese Idee wurde aber sofort wieder verworfen, weil ja diese bösen Alpen dazwischenliegen.

Frau drängelte aber ganz mutig nach vorne und behauptet, und hat es auch wirklich vor, ein sofortiges Trainingsprogramm zu beginnen, so dass die ganze Sache gar kein Problem wäre. Schließlich wollte sie unbedingt mit dem Mann eine Radtour machen, und die diversen Flussufer stießen auf gelangweiltes Gähnen und den dezenten Hinweis, dass Frau solche Touren vielleicht besser mit den Freundinnen unternehmen könne. Es musste schon die richtige Herausforderung sein. Für beide.

Nun gut, bei dieser Urlaubsplanung bestand Einigkeit in doch überraschend vielen Punkten.

Die Phantasien ließen klare Realitäten verschwinden, und völlig beflügelt träumen beide von der großen Freiheit in Übereinstimmung mit der Natur und dem gemeinsam verbindenden Erlebnis.

Die umweltverträgliche Eisenbahn würde uns stressfrei an den Ausgangsort bringen, in diesem Fall Grenobel. Von dort aus schwingt sich das Paar auf die Räder und radelt der Tour de France entgegen. Auf dem Col de Rousset (1225 sehr hohe Meter) den Jungs von der Tour de France zuschauen. Danach locker weiterfahren und einfach treiben lassen, wie das Paar so Lust hat. Von einem französischen Dörfchen zum anderen, von einer netten kleinen Auberge (Hotel) zur nächsten, und abends nach 100 km sitzen sie versonnen in der Bar und trinken Pastis. Beim romantischen Sonnenuntergang genießen sie das französische Landessen. Und fahren glücklich und zufrieden bis an ihr Lebensende.

Die Versprechungen des Mannes: ‚Das können wir spielend schaffen. Wir haben ja den ganzen Tag Zeit. Und wenn es mal ein bisschen zu steil wird, dann schiebe ich dich.' hätten Frau sofort skeptisch machen sollen.

Die tiefe Harmonie durch so viel Übereinstimmung, die sich bei dem Pärchen ausbreitet und die Vorfreude auf dieses Abenteuer setzt wahre Energieschübe frei. Jetzt konnte die verantwortungsvolle Vorbereitung beginnen.

Die Kleidung

Zur richtigen Ausstattung gehört natürlich nicht nur das Equipment für das Fahrrad, sondern auch das Gestalten der äußeren Erscheinung.

Da die Expertenrolle außerhalb jeglichen Zweifels war, schließlich hat der Radlermann keine Übertragung der Tour de France ausgelassen und ist schon sieben Mal im Radlerparadies Mallorca mit seinen „Jungs" zum Radeln gewesen – musste sorgfältig überlegt werden, welches Gepäck in die winzigen Gepäcktaschen gestopft werden darf.

Also erstens natürlich: Es darf nichts zum „Vergnügen", wie zum Ausgehen oder gar dicke Schmöker, mitgenommen werden. Jeder Ballast muss ja schließlich den Berg hochgeschleppt werden. Bei dieser Aussicht kam von Seiten der Frau nur reumütiges Kopfnicken und Einverständnis, diese profanen und unsportlichen Bedürfnisse aus dem Bauch zu streichen.

Mann entwickelt beim Kauf der notwendigen Fahrradbekleidung regelrechte Fachverkäuferambitionen mit einem gewissen Hang zum Dozieren und Gläubigkeit an die innovativen Entwicklungen der guten Chemieindustrie.

Die Kleidung wiegt weniger als nichts und vereinigt gleichzeitig alle erforderlichen Eigenschaften für einen schweißtreibenden Sport. Sie ist luftundurchlässig und weiß genau, welcher Schweißtropfen nach außen – also weg vom Radlerkörper – befördert werden muss. Fasziniert und ein klein wenig skeptisch folgt Frau diesen Ausführungen und verstummt vollends, als auch noch die neuesten wissenschaftlichen Erkenntnisse herbeigezerrt werden. Zum Glück werden der Arzt und der beliebte Apotheker nicht auch noch zitiert.

Die bescheidene Frage, warum diese quietschbunten, augenreizenden Papageienhemden auch noch so eng anliegend sein müssen, wird mit dem Hinweis auf die Windschnittigkeit beantwortet und nicht weiter infrage gestellt.

Die pellenartigen Radlerhosen zeichnen sich durch ein bequem wirkendes Polster aus. Jede Falte, so wurde Frau versichert, könnte schreckliche Wunden mit gefährlichen Entzündungen nach sich ziehen. Leichte Zweifel an der Vergnüglichkeit dieser Sportart machten sich bei Frau bemerkbar. Auch die Bestätigung aller Männer, dass sie sich jedesmal am Anfang einen „Wolf" fahren, verursacht durch stundenlanges, quälendes Aneinanderreiben der Pobacken durch den völlig ungepolsterten Rennradlersattel, haben nicht zur Ermunterung der Frau beigetragen. Der männliche Trostspender war das Versprechen, dass sich danach an diesen Stellen eine Hornhaut bildet und nichts mehr zu spüren ist und dies nun wirklich kein Grund zum Aufgeben sein könnte.

Frau ist fest entschlossen, sich diesem Konsumterror und diesen Körperverstümmelungen nicht hinzugeben. Es geht ja schließlich um das gemeinsame Erlebnis, und da wird sich schon ein Weg finden.

Auf keinen Fall wird sie solche Plastikhemden anziehen; ein locker fallendes, ein bisschen längeres und mit dezenten Farben versehenes T-Shirt soll ihren barocken Körper be(ver)-decken. Außerdem ist solch ein praktisches und geschmackvolles Baumwoll-T-Shirt ja auch für andere Gelegenheiten sehr nützlich – also wieder platzsparend. Der einzige Kompromiss wird bei der Radlerhose gemacht. Das Polster zur Schmerzlinderung überzeugt umgehend. Die jetzt deutlich sichtbaren Anzeichen einer stärkeren Polsterung an nicht passenden Stellen werden einfach übersehen.

Mit einem gewissen Unbehagen registriert Frau, dass sich in diesem Mekka für Radelbesessene nur sehr junge, natürlich durch und durch sportive, dynamische, braungebrannte, gerade von einem Mountainbike-Trekkingtrip im Himalaya kommende Menschen aufhalten.

Außerdem müssen sie noch unglaublich viel verdienen, um diese Preise für die kleinen, unbedingt notwendigen Zubehöre bezahlen zu können.

Leichte Zweifel schleichen sich bei Frau ein, ob das Ganze denn eine gute Idee sei. Aber nach zwei bis drei Sätzen mit dem Verkäufer, hat auch Frau zu verstehen gegeben, dass sie ganz genau Bescheid weiß, sie hat ja oft genug bei den fachmännischen Gesprächen unter Radlern zuhören müssen. Dementsprechend profimäßig wird sie dann beraten. Eine Blöße darf sie sich jetzt natürlich nicht geben, sonst werden ihr bestimmt noch Stützräder angeboten.

Bei dem Kauf der Schuhe hätten nach Meinung der Frau auch ein paar gute Turnschuhe den Zweck erfüllt, aber wie die Profis müssen die Schuhe für Klickpedalen gekauft werden. Diese in den Fahrradschuh eingesetzten Metallteile bewirken die Vernagelung des Fußes mit der Pedale – ohne Entrinnen. Sie sollen eine besonders gute Führung des Beines bei der Trittbewegung gewährleisten. Frau hat dreimal beim Versuch, vom Fahrrad abzusteigen, vergessen, sich aus der Vernagelung zu befreien. Die Auswirkungen waren schrecklich. Die tiefe Erniedrigung, anstatt neben dem Fahrrad zu stehen, daneben zu liegen, hat heftige, erzürnte Diskussionen ausgelöst, welcher Sadist solche idiotischen Werkzeuge erfinden kann. Bestimmt ein Mann. Was nützt eine korrekte Trittbewegung, wenn Frau sich beim Absteigen sämtliche Knochen bricht. Sie hatte auch schon gehört, dass Männern das passiert ist. Nur bei denen wird nicht darüber geredet. Da muss Mann durch. Denn Männer kennen keinen Schmerz. Oder so ähnlich.

Frau auf jeden Fall klickt sich vorsichtshalber seitdem mindestens eine halbe Stunde vor dem Ziel aus oder gar nicht erst ein. Weil, die Knie tun so oder so weh. Und wenn alles vorbei ist, werden diese sadistischen Teile verschenkt!

Der Hut

Die Kopfbedeckung erfreut sich besonderer Aufmerksamkeit. Mann und Frau dürfen sie nicht weglassen, da sie erwiesenermaßen – wissenschaftlich und in irgendwelchen Labors getestet – entscheidend zur Sicherheit der sich auf dem Rad befindenden Menschen beiträgt.

Der Kauf eines solchen Huts erfordert die Höchstgrenze der Toleranz zur Geschmacksfrage.

Selbst Gesichtsformen, die unter gesellschaftlich anerkannten Merkmalen als schön bezeichnet werden, verwandeln sich mit diesen aerodynamisch ausgerichteten Kopfschutzbedeckungen zu leicht verblödeten Anblicken.

Frau empfiehlt, den Spiegel beim Kauf zu meiden, die Farbe zum Fahrrad passend auszusuchen und nur nach der Passform – das geht auch ohne Spiegel – zu entscheiden. Und wenn Frau anderen Radlern begegnet, immer daran denken: Die sehen genauso bescheuert aus wie du.

Als das Paar aus dem Radlerausstattungsladen kommt, entpuppt sich der preiswerte Urlaub bemerkenswerterweise als Radurlaub mit sehr hohen Nebenkosten. Aber auf die vielen glücklichen Jahre, die sie noch radelnd verbringen werden, umgelegt, zahlt sich diese Investition natürlich aus.

Die Begegnung mit dem ersten Berg

Angekommen, und Frau war doch gleich sehr beeindruckt von dem imposanten Anblick der Berge rings um diese schöne Stadt Grenoble.

Hatte nicht irgendein Radlermann in der fernen Heimat leicht respektvoll gepfiffen, als er von dem Vorhaben hörte, dass Frau in Grenoble die nette erste Bergkette überwinden wolle. Bei dem Blick auf das vor ihr liegende Bergmassiv wusste sie sofort, warum er gepfiffen hat.

Aber der Mann wusste ja, wie es um ihre Kondition beschaffen war. Außerdem hat er ja von einer kleinen Steigung Die-schaffst-du-ohne-weiteres gesprochen. In tiefer Liebe und Vertrauen von Seiten der Frau darauf wurde losgeradelt. Natürlich nicht ohne zu vergessen, einen kurzen Blick nach hinten zu wagen, ob denn wohl jemand dem mutigen Paar bewundernd nachschaut.

Die erste großzügige Trennung ist angesagt. Mann kann ja schon mal vorfahren und wartet dann, wie ausgemacht, auf Frau.

Mann gibt Frau noch einige, nein viele gute Ratschläge mit auf den Weg. Frau fährt hochkonzentriert ihren Weg, im Bemühen, alle Ratschläge zu beachten. Immer gleichmäßig treten, gleichmäßig atmen, Puls beachten, am Rand fahren, Arme locker, richtigen Gang einlegen und noch, ach, alles vergessen. Der Weg ist lang, sehr lang und sausteil.

Der Weg zieht sich. Die Autos fahren viel zu dicht an Frau vorbei. Wie soll Frau dabei locker fahren können? Kann doch kein Mensch.

Gleichmäßig treten, wenn Frau doch gerade schalten muss. Arme lockerlassen, wenn Frau doch das Gefühl hat, dass der Autofahrtwind sie gleich vom Fahrrad pustet.

Und überhaupt mit der Puste, die ist verschwunden. Das kann man nur noch als Hecheln bezeichnen. Und wo ist der Gang, bei dem Frau gar nichts mehr tun muss? Und die Landschaft angucken. Dafür gibt es keinen Grund. Ist immer das Gleiche, weil, so schnell fährt Frau ja nun auch wieder nicht, als dass sie sich verändern könnte.

Eine Pause, ja, das ist erlaubt. Eine Trinkpause! Das muss sein. Frau muss viel trinken, sonst trocknet sie aus und fällt vom Rad. Das will ja niemand. Ach, ist die Landschaft schön. Auch nach einer Viertelstunde ist die Landschaft noch schön, aber das Ziel noch weit.

Der Mann kommt den Berg wieder runter! Der Ich-wollte-mal-sehen-wie-es-dir-geht-Blick lässt Frau aufmuntern. Angeblich kann es nicht mehr so lange dauern, dann müsste der Berg zu Ende sein. Und wenn Berge zu Ende sind, geht es bekanntlich abwärts. Abwärts, allein schon dieses Wort setzt in Frau neue Energien frei.

Frau ist noch guten Mutes. Mann trennt sich wieder und fährt vor. Ist in Ordnung.

Frau kann ihren Tritt fahren. Der Tritt, das heißt Frau tritt auf die Pedale. Wenn es zu schwer ist, muss Frau einen Gang leichter schalten. Es ist gut, wenn Frau das schon vorher weiß, in welche Richtung sie da schalten muss. Und wenn es dann richtig gut und leicht geht, dann muss sie dran bleiben, weil dann ist alles gut. Sagt der Mann. Manchmal muss Frau ein bisschen länger suchen. Aber versprochen, irgendwann ist er da, der Tritt.

Der am Lenker befindliche winzige Computer dient zur absoluten Kontrolle. Er sagt alles. Er sagt, ob Frau sich anstrengt, ob sie sich zu sehr anstrengt, obwohl sie das auch so weiß. Na ja, mit so einem Computergürtel um den Oberkörper und dem Anzeiger am Rad wirkt das Ganze doch sehr professionell.

Auch mit gutem Tritt ist die aerobe Zone auf dem Pulsfrequenzmesser schon längst verschwunden. Also verliert die tapfere Radlerin keinen Millimeter Speck.

Leichte Verzweiflung schleicht sich ein. Hatte er nicht gesagt, dass der Puls nicht 160 Schläge überschreiten darf? Diese genadenlose Uhr zeigt aber 180 Schläge. Also ist der beginnende Herzinfarkt angesagt. Sofortiges Anhalten. Pause.

Besorgtes Beobachten dieses alles verratenden Anzeigers. Frau hätte vielleicht doch noch ein bisschen mehr trainieren sollen, und eine Blitzdiät hätte diesen Anzeiger bestimmt auch bestochen.

Tiefes Durchatmen. Wenn doch nur nicht dieser verräterische, hochrote bis blauviolette Kopf wäre, sähe Frau bestimmt gar nicht so schlecht aus auf diesem hohen Berg. Ein bisschen Schieben des Rads und die Zurufe aus den vorbeifahrenden Autos ignorierend, französisch kann ein Mensch in diesem Zustand sowieso nicht verstehen, geht es weiter diesen nicht enden wollenden Berg aufwärts. Aber auch bei dieser sehr unsportlichen Tätigkeit geht der unsägliche Puls nicht runter. Trinken. Auch jetzt tut sich nichts. Dann ist auch alles egal.

Da erscheint am Horizont jenes bekannte Trikot, in dem der Mann steckt. Zum raschen Aufsteigen ist es zu spät, denn er hat sowieso schon gesehen, dass Frau schiebt. Der Blick Wo-bleibst-du-denn wird durch einige giftige Bemerkungen zur falschen Angabe über die Länge des Berges abgewehrt.

Verbissene Distanz macht sich breit. Soll er doch fahren bis er grün wird, und Frau kann zwischendurch ja sterben. Auch das Angebot vom Mann, auch noch das Frau-Gepäck zu übernehmen, erleichtert die Situation nicht.

Sogar mit dem blöden Gepäck fährt dieser blöde Mann noch blödsinnig leicht diesen blöden Berg hoch.

Tiefe Resignation macht sich breit. Allein und verlassen, ohne Kraft und Zuspruch muss die arme Frau ihrem Schicksal trotzen.

Alle restlichen Energien werden mobilisiert. Aber noch nicht mal die Anfahrt am Berg gelingt elegant, sondern erinnert eher an den Start eines Albatros – diese Vögel müssen sich sehr lange mit den Füßen abstoßen, um zum Fliegen starten zu können. Mühselig geht es den Berg hoch. Eine lange, gerade Strecke mit ekelhaften kleinen Hügeln zwischendurch, liegt vor ihr. Sie sieht sogar schon das mittlerweile weniger geliebte Trikot am Ende des Berges warten.

Wortkarger Austausch, ob auch hier noch eine Pause gewünscht wird, weil eigentlich ist es ja doch schon sehr spät. Ein Getränk und ein Traubenzucker sollen für den Rest der Strecke als Doping reichen.

Es geht abwärts. Ohne erkennbare Mühe schiebt der Mann die Frau auch noch über diese winzigen Hügel, die den schnellen Weg abwärts immer wieder unterbrechen, hoch. Unglaublich.

Der Paarhimmel ist dunkel verhangen vor Zorn, Enttäuschung und Erschöpfung.

Die kleine Auberge in Villard de Lans, dem Ziel der ersten Etappe, gibt es tatsächlich. In fünf Stunden haben sie 39 km geschafft. Das ist für einen durchtrainierten Mann weit unter seiner Würde; für eine weniger trainierte Frau unter diesen Umständen eine übermenschliche Leistung.

Beim romantischen französischen Essen, in diesem Fall eine Pizza und ein essiggetränkter Tomatensalat, wurde abgerechnet.

Frau: Es war zu heiß. – Der Asphalt ist bei 35° C geschmolzen. Es war zu hoch. Viermal so hoch wie versprochen. Es war zu lang. Wir waren 16 Stunden unterwegs! Um 3.30 Uhr mit dem Mietwagen los, um 12.00 Uhr in Grenobel, um 18.30 Uhr in Villard de Lans angekommen. Und außer Wasser, einer Cola und einem Traubenzucker gab's nichts zu essen.

Mann: Ich habe dir nie einen flachen Berg versprochen, und außerdem habe ich mir das auch anders vorgestellt.

Fazit: Die Latte hängt zu hoch.

Es musste ein Mittelweg gefunden werden, denn keiner wollte aufgeben.

Erst mit dem Zugeben der gegenseitigen Unzulänglichkeiten konnte sich der Paarhimmel wieder ein wenig lichten.

Schmerzen im rechten Arm beim Mann, durch das viele Schieben der fast dankbaren Frau. Schmerzen der Frau auf der Sitzfläche, die Hände sind schon jetzt vom vielen Festhalten am Lenker ganz steif, so dass sie kaum noch die Gabel beim Essen halten kann. Die Verkrampfungen in den Schultern und Sonnenbrand auf den Armen und der Nase bilden einen bedauernswerten Abschluss. Fahrrad fahren macht Spaß oder auch nicht.

Auch die kleine, nette Auberge ist zwar sehr hübsch gelegen, in der Zimmerausstattung aber sehr spartanisch. Und eng. Einer muss sitzen, wenn der andere vorbeigehen will. Kein Fernseher, um die Tour de France zu verfolgen. Und es ist so heiß im Zimmer, dass das unbedingt notwendige Schlafen eher zum Wachen wird.

Die Begegnung mit den Helden

Das eifrige Studium der Landkarte, welche Wege am günstigsten für Frau sind und wo das Paar am idealsten den ‚Helden' der Tour de France begegnen sollte, ließ die Strapazen vom Vortage fast vergessen.

Der Col (Pass) de Roussett wurde als bester Standpunkt auserkoren. Er war nur 1200 m hoch, was für einen echten

Radler selbstverständlich nur ein Klacks ist, das fährt Pantani (Tour-de-France-Sieger 1998) mit dem großen Blatt hoch, was aber Frau nicht einen einzigen Moment beeindruckt. Der macht ja sowieso nichts anderes.

Beim Anblick der vielen braunen Flecken (Berge) auf der Landkarte zum Tagesziel, wird Frau etwas leiser beim Diskutieren, welche Straßen an diesem Tag befahren werden sollen. Das weibliche Herz schlägt nur höher, als die Rede von einer phantastischen Gorge (Schlucht) ist. Das bedeutet, es geht auch abwärts und zwar lange.

Nach einem ausgiebigen Frühstück, abgeschlossener Tagesroutenbesprechung und der Vermeidung, den vergangenen Tag zu erwähnen, werden die Räder gesattelt.

Kleine technische Probleme werden mit dem ortsansässigen Fahrradhändler besprochen. Frau widersteht eisern dem Bedürfnis, während dieser Fachbesprechung einen kleinen Bummel durch dieses entzückend kleine, französische Städtchen zu machen. Schließlich warten größere Aufgaben auf sie.

Auf der Straße herrscht reger Verkehr. Alle Franzosen dieser Welt, so scheint es zumindest, versammeln sich an dieser Tour-de-France-Etappenstrecke von Valreas nach Grenobel. Vom Neugeborenen bis zum Greis ist alles vertreten. Jeder sucht den idealen Zuschauerplatz. Gefriertaschen werden ausgepackt, Tische aufgestellt, Grills in Gang gesetzt, (hauptsächlich) Frauen kochen, Männer stehen daneben und fachsimpeln, mit dem Radio am Ohr, über die Vorkommnisse auf der ‚Tour'. Ganze Familienverbände haben sich zum gemeinsamen Erlebnis zusammengerottet. Souveniers werden Vorbeieilenden angeboten. Riesige Grills laden zum Mahl ein. Fächer gegen die Hitze und praktische Schirmmützen zum Schutz gegen die gnadenlose Sonne liegen wohlsortiert zum Kauf bereit.

Alles Bilder, die Frau schon aus dem Fernsehen kennt. Sogar der bekannte rote Teufel, den Frau immer schon unmöglich fand, weil er fast in die heldenhaften Radler hineinkriecht, schlappt auf der Straße rum. Noch braucht er sich ja nicht aufzuführen wie der wilde Watz, denn kein einziges Kamerateam ist weit und breit zu sehen.

Und das alles schon um diese Zeit – 8.30 Uhr. Die Helden kommen aber frühestens um 14.30 Uhr. Na, wen's glücklich macht.

Jeder hat einen Logenplatz auf dem Campingstuhl direkt an der Strecke. Und an dieser Straßengarnierung fahren Mann und Frau vorbei.

Und zwar abwärts. Also sehr würdevoll für Frau. In sportlicher Haltung, mit sportlicher Blässe, mit entspanntem Lächeln, mit von rasendem Fahrtwind zerzaustem Haar jubeln ihr die Zuschauer zu. Na ja, fast. Also zumindest winken manche und rufen. Sie haben ja nichts anderes zu tun, als zu warten.

Und in dieser Schlucht ist es schattig und kalt und atemberaubend schön. Wenn Frau nicht nach links lächeln muss, rechts steht niemand, nur der steile Berg, ist sie sogar in der Lage, den überwältigenden Anblick dieses Naturereignisses zu genießen. Ein reißender Bach verschluckt alle menschlichen und technischen Geräusche. Die Luft ist feucht und die Felswände hängen bedrohlich über der Straße. Und es hört gar nicht auf.

Frau hat noch nicht einmal Zeit, Angst vor der rasanten Geschwindigkeit zu bekommen. Kein Auto kommt entgegen und keins überholt, phänomenal. Alle Franzosen haben wohl ihr Plätzchen gefunden. Das kann ein wunderschöner Tag werden. Bei der morgendlichen Tagesbesprechung hört Frau jetzt noch in ihrem Ohr ein kleines Zugeständnis vom Mann klingen, sie müssen nicht unbedingt oben auf dem Col die Helden sehen. Na ja, es ist ja noch viel Zeit.

Alles läuft prima.

Auch der erste kleine Berg vor dem Berg ist geschafft.

Doch beim nächsten kleinen, fast nicht sichtbaren Anstieg macht Frau völlig schlapp. Drei Traubenzucker werden gelutscht, sollen angeblich verbrauchte Energie zurückbringen, aber bei Frau nur die nächsten drei bis vier Meter. Schrecklich und heiß ist es. Mindestens 35° C.

Frau nimmt sich immer den nächsten Baumschatten, der auf die Straße fällt, als Ziel vor. Demoralisiert gibt es immer mehr Pausen. Der Wille zum Quälen und der kleine Motor am Hinterrad fehlen.

Mann legt Frau seine Hand in den Rücken und schiebt sie, ohne auch nur ein wenig schneller zu atmen, immer vorwärts, dem ersehnten Ziel entgegen. Frau ist sehr beeindruckt und wünscht sich, dass er nie mehr die Hand von dieser Stelle im Rücken wegnimmt.

Doch leider trifft das Schicksal immer die Falschen.

Frau und Mann werden von einem drahtigen, jungen Rennradler überholt.

Frau ahnt ihr Schicksal.

Noch einen kurzen Moment kann Mann souverän diesen Zustand hinnehmen, dass ein vermeintlicher Konkurrent an ihm vorbeifährt. Schon droht der Feind zu entkommen, als die heiß geliebte Hand aus dem Rücken verschwindet, als der Ich-muss-ihm-zeigen-wer-der-Bessere-ist-Blick aufgesetzt wird, und es geht los. So als wäre nichts gewesen, fliegt der Mann über die Straße. Für einen kleinen Moment vergisst Frau sogar, dass sie eigentlich nicht mehr weiter radeln kann, so fasziniert ist sie von diesem Radler-Kampfinstinkt.

Allein tritt sie vor sich hin. Schicksalsergeben, die wartende Belohnung aus den Augen verlierend, kurz vorm Hitzschlag.

Da kommt der Retter mit dem starken Arm zurück. Hoch zufrieden, es diesem jungen, überheblichen Kerl gezeigt zu haben. „Der hat wohl gedacht, ich bring's nicht mehr.

‚Ça va' (Geht's gut) hab' ich gesagt und bin an ihm vorbei. Du hättest sehn soll'n, wie dem alle Kraft aus den Beinen ging."

Zweifelnde Bewunderung verschleiert die Augen der Frau. Hauptsache, er ist mein Retter in der Not.

So etwas Ähnliches wie Hunger macht sich bemerkbar. Vielleicht auch nur die Lust, ein Picknick zu machen, wie alle Menschen am Straßenrand. Aber weit und breit nichts zu finden. Alle sind mit dem Spektakel beschäftigt, aber keiner denkt an hungernde Normalsterbliche.

Überall nur Gendarme, die den Verkehr regeln, d.h. keine Autos mehr durchfahren lassen.

Es wird eng mit der Zeit.

Der letzte Berg zum Col liegt noch vor dem Paar.

Frau hat Kräfte gesammelt, woher, weiß sie allerdings nicht. Wohl vom Nichtessen. Den Fettpolstern. Das wäre ja wenigstens noch annehmbar.

Trennung ist angesagt.

Mann will den Berg mit dem Gepäck von beiden bezwingen. Frau traut ihm alles zu. Sie verabschieden sich. Er zieht in den Kampf, und sie kommt langsam hinterher. Er wird oben warten, alles zwischendurch besiegt haben, bis sie kommt. Egal, wann das sein wird.

Gute Stimmung kommt wieder auf. Also, es geht doch. Nur jeder nach seinem und ihrem Können. Frau winkt dem dahineilenden, nein, dahinfliegenden Mann hinterher. Bald sieht sie ihn nur noch ganz klein oben auf dem Berg. Sie spürt keine Reue.

Frau fährt ihren Tritt (sehr langsam, aber stetig). Die Franzosen am Wegesrand üben schon mal die eine oder andere Anfeuerung. Von der Heldin des Tages bekommen sie aber nur noch ein huldiges Lächeln, wenn überhaupt.

Plötzlich versperrt ein wichtiger Gendarm den Weg. Die ‚Tour' kommt. Das Spektakel beginnt. Frau darf nicht weiterfahren. Der Gendarm erklärt in bestem Französisch, was Frau leider nicht sehr gut versteht, dass etwas Schreckliches passiert, wenn sie weiterfährt. Eigentlich kommt es ihr sehr gelegen, wieder mal eine Pause zu machen.

Aber nur kurz, denn das gemeinsame Erlebnis schwindet dahin.

Frau übt dreimal im Kopf den französichen Satz für den Gendarm. Hoffentlich versteht er, was sie meint. ‚Mariage ici, mariage ici.' Was soviel heißen soll wie: Mein Mann ist dort oben, ich bin hier unten und wir gehören doch zusammen. Frau zeigt in nicht ganz so fließendem Französisch immer auf den hohen Berg und die steile Straße und schaut gleichzeitig auch sehr bekümmert drein. Nach mehrfacher Wiederholung dieses Zaubersatzes und einem noch etwas verzweifelteren Blick in die weite Ferne, wo der besorgte Mann sehnsüchtig auf seine verschollene Frau wartet, geschieht ein barmherziges Wunder.

Frau darf weiterfahren.

Aber natürlich nur, wenn sie schnell ist. Oui, oui (ja, ja) sagt sie und nickt heftig mit dem Kopf und dankt mit vielen allgemein verständlichen Hand- und Armbewegungen. Die internationale Völkerverständigung klappt doch prima.

Mit dem Gefühl, einen Sieg errungen zu haben, schwingt sich Frau auf das Fahrrad und fährt beflügelt los. Aber nur kurz. Es wird so steil, dass sie keinen Millimeter mehr vorwärts kommt. Absteigen. Schieben. Und zwar schnell.

Bedauernde Blicke folgen der tapferen Frau.

Sie ist am Verdursten, denn die Versorgungswagen haben ihre Bedürfnisse übersehen. Gnädige, weltoffene Zuschauer reichen eisgekühltes, himmlisches Wasser mit Eiswürfeln drin! Frau trinkt. Champagner schmeckt dagegen wie eingeschlafene Füße. Danke, ‚Merci' und ‚Au revoire' (Auf Wiedersehen) und ‚Bon voyage' lassen alle mit einem guten Gefühl die weiteren Stunden überstehen.

Nach einem kurzen Blick auf den vor ihr liegenden Weg, entscheidet Frau klug. Weiterschieben.

Nach jedem Kilometer auf der Tourstrecke steht ein Gendarm und hält Mensch und Maschine auf, damit die Strecke für die kommenden Helden freibleibt. Also, weniger als 1 km muss sie noch schieben. Dann ist endgültig Schluss.

Plötzlich werden alle Kinder, die auf der Straße spielen, hastig an den Rand gerissen. Alles steht erwartungsvoll am Straßenrand. Ob sie wohl jetzt schon kommen?

Mit lautem Dauerhupen, sirenenartig und in halsbrecherischer Geschwindigkeit kommen vollbesetzte, sehr wichtige Autos die Strecke runtergefahren. Aus dem allgemeinen Gemurmel entnimmt Frau, dass dies die Vorhut sei. Die fegen die Strecke frei. Oder so ähnlich.

Frau kann sich nur mit einem gewagten Sprung an die Seite, aber nicht zu weit, denn es geht steil abwärts, retten.

Danach bleibt es still, also ist Weiterschieben angesagt.

Wieder hupt es. Wichtige Autos rasen wieder vorbei. Weiterschieben.

Frau hadert mit sich. Stehenbleiben oder weitergehen. Die Sehnsucht treibt sie voran. Und was soll sie denn auch hier allein in diesem Wald.

Am Horizont erscheint ein verdächtiges Neongelb. Es wird doch nicht …, es ist doch nicht etwa …, ja, es ist der Mann. Der Arme. Kein Gipfel, sondern nur eine Kurve mit vielen Gendarmen, vielen netten Franzosen und Wanderern und einigen anderen hängengebliebenen Radlern.

Aber das unglaubliche Glück, ab jetzt alles gemeinsam erleben zu können, ist großartig. Wenn auch nicht ganz freiwillig. Mann hätte es bestimmt bis oben geschafft, Frau nicht. Also ist es doch so am besten. Und Urlaub haben sie auch.

Es wird gemütlich. Alle haben sich eingerichtet. Die Helden werden erst in zwei (!) Stunden erwartet.

Frau sitzt. Und möchte am liebsten nie mehr aufstehen und nie mehr etwas Anstrengendes tun. Nur sitzen und gukken. Und den armen Po ausruhen. Die Muskeln zählen, die sich bestimmt neu gebildet haben. Und die rote Farbe aus dem Gesicht verlieren. Obwohl dieser Prozess leider sehr langsam vorangeht, bei 35° C im Schatten.

Mann führt die Fachgespräche mit den ‚Cracks', die ebenfalls das Schicksal in dieser Kurve festgenagelt hat.

Beiläufig fallen die Namen von den höchsten (Fahrrad-) Gipfeln dieser Welt, die die Männer schon ‚gemacht' haben. Mann wird mit hoher Achtung behandelt, als er wie zufällig sein Alter erwähnt. Frau kann zusehen, wie er langsam in den Stand des Fahrradgurus erhoben wird. All diese Höchstleistungen und das in diesem Alter.

Und dann noch diese Frau. Ungläubiges Staunen. Ja, ja, es stimmt. Von Grenobel bis in diese Kurve. Mit dem Fahrrad. Ja, ja. Auf die Kleinigkeiten wird nicht eingegangen.

Und Frau kann es gar nicht fassen. Mann lobt sie vor all diesen Fastprofis. Mit tiefer Rührung über so viel Anerkennung, simpelt sie auch ein bisschen mit. Darf sie ja jetzt auch.

Mittlerweile macht sich Spannung breit.

Schon lange kein wichtiges Auto mehr vorbeigerast.

Die Tagestemperatur ist auf 40° bis 45° C angestiegen. Der Asphalt ist weich und die Gendarme sprechen aufgeregt in ihre großen, wichtigen Sprechfunkgeräte. Erste Spekulationen werden geäußert.

Das Spektakel beginnt.

Ein Reklamewagen nach dem anderen. Hunderte von den absurd verkleideten Wagen- und Motorradkonstruktionen fahren hupend oder mit sehr lauter Musik vorbei. Aus den Autos winken die allerliebsten jungen, hübschen, leichtbekleideten Frauen für Banken, Telefongesellschaften, Kaffeemarken oder Kopfschmerztabletten, einfach nur, weil wir da stehen.

Schlüsselanhänger, zu kleine Schirmmützen, Zahnputzsets, Nudelpakete (leider rohe) und Kleinstspielzeug fliegen in die jubelnde Menge. Alles grabscht danach, ist ja schließlich umsonst. Wenn eine kurze Pause entsteht, werden die Trophäen verglichen. So richtig zufrieden sieht keiner dabei aus.

Frau kann nichts Wertvolles erkennen, vor allen Dingen nichts Essbares. Schade! Da erscheinen sogar die deutschen Faschingsumzüge noch als reizvoller. Dort gibt es wenigstens pappige Billigbonbons.

Der Zeitpunkt rückt näher. Bald ist es soweit.

Die Kurve erweist sich als idealer Beobachtungspunkt. Der Straßenbelag ist so aufgeweicht, dass die Helden absolut langsam fahren müssen. Also hat doch alles etwas Gutes für sich.

Die Fotoapparate sind eingestellt. Nur nichts verpassen.

Die professionellen Zeitungsteams haben die Kurve als idealen Abschussort auserkoren. Hier kann vielleicht das Foto gemacht werden. Vielleicht versinkt ja einer der Helden im aufgeweichten Asphalt auf Nimmerwiedersehen. Oder vergisst, in die Kurve zu fahren und stürzt den steilen Hang herab. Und die Zeitung ist exklusiv dabei. Das wäre ja schon etwas zum Erzählen. Oder?

Mannschaftswagen, Tatütatawagen, Motorräder mit Reportern, die rückwärts filmen und husch – vier, fünf, sechs, sieben Radler sind vorbei. Keiner hat's so richtig mitgekriegt. Mist.

Bei allen aus der Kurve herrscht höchste Konzentration, weil, das Feld muss bestimmt gleich kommen.

Eine Minute, zwei Minuten, drei Minuten.

Unruhe kommt auf. Spekulationen werden laut. Der Held behält heute bestimmt nicht sein gelbes Hemd, pardon, Trikot. Oder ist da oben, dort, wo wir gerade nicht sind, etwa etwas Schlimmes passiert. Zuschauer von der Hitze erschlagen oder so.

Drei Minuten, vier Minuten, fünf Minuten, sechs Minuten. – Da kommen sie.

So viele, schrecklich viele Räder. Frau kann gar nichts erkennen. Hoffentlich fallen die nicht hin. Frau weiß, wie weh das tut.

Doch da, das gelbe Hemd und das grüne Hemd. Die sind wichtig. Alle jubeln und die Helden freuen sich sogar. Aber schwupp sind sie auch schon vorbei. Das war's oder nicht?

Es kommen die Nachzügler. Sie bekommen tosenden Applaus und werden angefeuert. Zeiten werden durchgesagt. Sie können es noch schaffen. Frau findet, sie haben schon ganz schön viel geschafft. Sie bekommen das ganze Verständnis und die vollständige Zuneigung von gleichgesinnter Frau (Nachzüglerin) mit auf die Reise.

Die Straße ist frei. Nur noch ein paar verrückte Pseudotourfahrer stürzen sich in halsbrecherischer Fahrt hinter den Helden her.

Die Kurve löst sich auf. Mann und Frau verabschieden sich. Die französische Familie packt die Rucksäcke und wandert den Berg runter zum Auto. Die aufgehaltenen Radler steigen lässig aufs Rad. Das italienische Kamerateam springt eilig in die wartenden Autos. Jeder zieht seines Weges.

Das Paar fährt auch los. Entspannt. Gute Trennung. Der Gipfel ist nah.

Massenweise stinkende, aggressive Autos müssen überwunden werden. Alle wollen sofort und ohne Gnade weg vom Berg.

Oben auf dem Gipfel ist Totalstau. Riesige Busse versperren den Weg. Die Gendarme haben ihre Aufgabe erledigt und verziehen sich auch. Chaos ist angesagt.

Frau und Mann haben es geschafft. Das Gipfelfoto fürs Album, damit es auch alle glauben. Immerhin ist es doch ganz schön hoch.

Abfahrt.

Alle erfahrenen Radler haben vorher geseufzt, dass diese Abfahrt vom Col de Rousett nach Die ein ganz schönes Ding sei. Was auch immer, Aussicht oder Serpentinen, das ganz schöne Ding sei. Aber das eigentliche Ding war, dass das arme Paar mit tausenden von Autos das Ding runterfahren musste. Manche Autofahrer waren so verärgert darüber, dass die zwei Radler schneller vorankamen als sie, dass sie plötzlich Autotüren öffneten, um sie zum Absteigen zu zwingen. Das muss ein neuer Sport sein. Auch das plötzliche ganz nah an den Rand fahren, muss wohl in verschiedenen Fahrschulen gelehrt werden. Erst den Helden der Tour de France zujubeln und jetzt so kleine bescheidene Radler umbringen wollen. Da stimmt etwas nicht so ganz. Aber es sind ja immer die anderen.

In dieser Situation war es dem Paar kaum möglich, die atemberaubende Aussicht auf die Ebene von Die zu genießen.

Aber am Ende steht doch die schönste Belohnung des Tages. Das erste duftende Lavendelfeld.

Vor lauter kitschigen Gefühlen steigen Frau fast die Tränen in die Augen. Das Ende eines weiteren Radlerfrauentages naht.

Das kleine Städtchen Die ist das Ziel. Sehr französisch. Sehr beschaulich. Wenig Touristen. Schön anzusehen.

Frau schaut noch einmal hoch zum Berg. Sehr erhaben steht er in der Dämmerung. Da ist Frau hoch- und runtergefahren.

68 km. Immerhin.

Hier gibt es den berühmten Sekt Clairet de Die. Ein Sekt, den das Paar sich verdient hat.

Diesmal ist das romantisch-französische kleine Restaurant auf dem typischen Postkarten-Marktplatz wirklich angesagt.

Die Belohnung für all die Mühen des Tages. Jedes vorbeigehende Paar wird begutachtet, ob sie radeln oder sich etwa gar nicht sportlich betätigen. Jedem abgestellten, gutaussehenden Hobel (salopper Männerfachausdruck für Rad) wird der dazugehörige Besitzer im spärlichen Touristenstrom zugeordnet. Entweder ein Angeber oder einer zum Fürchten. Na, vielleicht trifft Mann ihn ja am nächsten Tag auf der Piste. Dann aber …

Müdes Schlurfen durch die Gassen, noch ein/zwei Gläschen Wein, Übereinstimmung im Bedürfnis, sich aus der Öffentlichkeit zurückzuziehen.

Frau möchte ihre müden Glieder ablegen, Mann möchte die neuesten Fernsehberichte verfolgen. Mann muss ja schließlich wissen, wer heute gesiegt hat. Frau will auch schon ein bisschen mehr wissen. Schließlich war sie ja heute sogar nebenbei dabei und kann mitreden. Und da kommen all die Bilder, die sie im Original gesehen hat. Welch erhebendes Gefühl.

Frau hat kaum noch die Kraft, sich die Bettdecke überzuziehen, so erfasst sie plötzlich eine unendliche Schwere. Besinnungsloser Schlaf folgt.

Mann wird etwas später von der Besinnungslosigkeit ergriffen. Wobei die Ursache bei ihm natürlich nur an der heftigen Sonneneinstrahlung, nicht etwa an der erbrachten Leistung liegt.

Leider geht die Nacht traumlos zu Ende.

Es gibt kein schlechtes Wetter, nur schlechte Kleidung

Und der nächste Tag fängt auch nicht besonders traumhaft an.

Die Wolkendecke über dem Urlaubshimmel ist bündig zugedeckt, und es sieht nicht sehr vielversprechend aus. Mit solch einer Unfreundlichkeit hat keiner von beiden gerechnet.

Sogar Frau verspürt keine Lust, weiterhin in diesem Etappenziel zu verweilen. Neue Ziele rufen.

Umso länger sich die Abfahrt aus dem Städtchen hinzieht, umso schneller kommt der innere Schweinehund mit seinen verführerischen Sprüchen. ‚Was tust du eigentlich hier in dieser Verkleidung? Du könntest doch heute mal dein neues Buch anfangen. Du musst dich doch nicht so sinnlos schinden.'

Ein Regenschutz muss gekauft werden. Nach langer Suche wird das Paar fündig. Sie erstehen zwei geschmackvolle, in militärgrün gehaltene Regenüberhänger, die im Notfall auch als Zelt verwendet werden können. Man(n) weiß ja nie, wie das Leben so spielt.

Die Tagesstrecke bis Saou in der Provence entpuppt sich als außerordentlich reizvoll auf der Landkarte. Ein großer Teil liegt an der Drome. Eine wilde Flusslandschaft. Das könnte ein gemütliches und würdiges Radeln werden. Die Straße führt direkt am Flussufer entlang. Erst kurz vor dem Etappenziel steht ein kleiner Berg im Weg. Nun, nach den Heldentaten, die Frau schon hinter sich hat, wird dies ja wohl zu bewältigen sein.

Und der Berg ist noch nicht einmal zu sehen. Frau beschäftigt sich erst mit diesen Problemen, wenn sie dirket vor ihr stehen.

Tatsächlich hält die Landkarte das, was sie verspricht.

Es geht an einer flachen, herrlichst asphaltierten Straße mit Fahrradweg am Fluss entlang. Das könnte ein Paradies sein. Das, von dem die Frauen aus der fernen Heimat gesprochen haben. Cafés sind allerdings keine zu sehen. Die Franzosen in diesem Landstrich scheinen noch nicht an diese Flut von Radlern gewöhnt zu sein.

Die Kilometer werden weggefressen, die Kilogramm hoffentlich auch. Auch der Puls stimmt. Mann könnte eigentlich zu diesem günstigen Zeitpunkt auf den weiblichen Computer gucken und erkennen, dass die idealen Werte und die fast Topform sich langsam abzeichnen.

Und tatsächlich gibt es eine gemeinsame Fahrt, nebeneinander.

Doch schnell schwindet die Euphorie bei Frau, als es ans ‚Eingemachte' geht.

Jetzt, wo doch alles gerade so gut läuft, sogar der Regen zeigt sich gnädig, kommt ein gnadenloser Vortrag in Sachen ‚Wie fahre ich richtig?'

Ein guter Rat(d)schlag folgt dem nächsten.

Hat Frau Sekunden vorher noch gemütlich auf dem Rad gesessen, sollte diese Zeit auch schon der Vergangenheit angehören. Mann gibt seine gesammelten Erfahrungen preis. Alle auf einmal.

Wie sitzt Frau eigentlich auf dem Fahrrad? Der Luftwiderstand ist viel zu groß. Vorbeugen ist angesagt. Gleichzeitig aber ja nicht die Arme strecken, denn die wiederum sollen die Erschütterungen durch das Fahren abfedern, immer den Lenker an anderen Stellen festhalten, damit die Hände nicht einschlafen. Bei mir schläft nichts, oder besser, ich spüre sowieso kaum noch etwas. Und die Erschütterung ist innerlich, da hilft auch kein Armbeugen. Es war doch gerade so schön. So stressfrei.

Aber gnadenlos wird an der Radlerfrau geformt. Es soll ja schließlich auch was gelernt werden.

Das Geheimnis des Pedalierens oder des runden Tritts hat sich Frau immer noch nicht gelüftet. Schon von weitem sieht Mann den echten Radler oder den Möchtegernradler. Frau befindet sich noch im Hackstil, kommt aber auch mittlerweile ganz gut voran. Und ein rundes Gefühl hat sie auch manchmal.

Ein kräftiger Regenguss beendet die gewichtigen Ausführungen des Mannes. Das Gesagte kann ja jetzt eingesetzt werden. Ist doch klar. Oder?

Für zweifelnde Bemerkungen seitens der Frau über pädagogisches Feingefühl seitens des Mannes ist aber der Moment falsch gewählt.

Andere Pflichten rufen. Der Schutz der Person und des Gepäcks.

Frau hat bei ihrer Gepäckplanung tatsächlich eine regendichte Jacke eingepackt, so dass das neue Militärzelt über das Gepäck gespannt werden kann. Nur der Mann muss sich in der ‚Jäger-auf-dem-Rad'-Ausstattung in der Öffentlichkeit zeigen, da er mit solch einem Wetter nicht rechnen wollte.

Das Paar steuert das nächste Café! an – nicht so eins wie an der Donau, sondern ein typisch französisches – nichts drin außer einigen Männern und ein paar Plastikstühlen und viel Pastis.

Der Regen richtet sich für mehrere Stunden ein. Alles wird positiv gewendet. Das Paar hat ja Urlaub. Sie können doch übernachten, wo sie wollen. Auch hier, am Ende der Welt. Nur trocken muss es sein.

Ist es auch.

Und einen Fernseher gibt es auch.

Und auch mit dem richtigen Programm.

Aber nicht mit dem richtigen Helden. Wo ist der Held auf dem Bildschirm? Der Held von gestern. Irgendetwas Schreckliches muss passiert sein. Keiner kann gefragt werden. Weil, die Antwort kann nicht verstanden werden.

Schwüre werden ausgesprochen, dass Mann und Frau sich zum nächsten Volkshochschulkurs Französisch für fortgeschrittene Anfänger in der Heimat anmelden werden.

Aber noch ist die Volkshochschule – zum Glück – weit entfernt. Nur die Spekulationen lassen die Phantasien blühen.

Der Held von gestern, den das Paar doch gesehen hat. Im gelben Hemd ist er an ihnen vorbeigefahren.

Frau: Der hat bestimmt eine Panne.

Mann: Nein, die Mannschaftswagen schieben dem doch sofort eine neue Maschine unter den Hintern.

Frau: Der kann nicht mehr, ihm sind die Berge zu hoch.

Mann: Der ist doch so gut durchtrainiert. Das passiert dem bestimmt nicht.

Frau: Der ist vor Verzweiflung gestorben.

Mann: Mach keine Witze.

Dramatische Bilder sind im Fernseher zu sehen. Der Held versagt. Der Berg ist ihm doch zu hoch. Wie Frau es schon gleich gesagt hat. Er hat sich überschätzt. Obwohl ihm so etwas nicht passieren darf.

Und er hat mindestens zehn Leute, die ihm alles hinterhertragen. Frau hätte sich ja schon mit einem netten, anspruchslosen Helfer, der widerspruchslos alle geäußerten Wünsche erfüllt, zufriedengegeben.

Frau kann sich nicht so richtig entscheiden, für wen der beiden sie sein soll. Für den Versager oder den, der aus dem Hintergrund kommt.

Eigentlich tut ihr der Schwächere leid, weil sie so gut weiß, wie das ist, am Berg nicht mehr die nötige Kraft zu besitzen.

Drei Stunden erregnete Rast sind vergangen und der Himmel verspricht keine Besserung. Es wird langweilig, und schon sitzen die zwei kleinen Giganten der Landstraßen wieder auf dem Rad.

Das Wetter hindert nicht mehr. Sie wollen weiter nach Süden.

Hinter dem kleinen Berg wird es bestimmt besser. Dieser Gedanke treibt sie voran.

Bald lässt sich nicht mehr unterscheiden, wovon sie nass sind, vom Schweiß oder vom Regen.

Mann schiebt Frau großartig. Nur um es ihr ein bisschen leichter zu machen. Denn eigentlich läuft alles bestens. Kleinere Schwächen werden übersehen.

Sie sind ganz allein auf der Straße. Wer geht bei solch

einem Sauwetter auch schon raus? Nur Menschen, die müssen.

Frau bekommt sogar so etwas Ähnliches wie Spaß am Radeln, vielleicht Vorspaß.

Der kleine Hügel wird gemeinsam genommen, genauer gesagt schiebt der Mann, aber Frau arbeitet auch ganz schön mit.

Die netten Lernhinweise werden sehr sensibel vom Mann verpackt, eher aufmunternd als venichtend.

Sie sind allein im Wald. Es ist so still, dass jedes Geräusch aus dem Wald ein wenig unheimlich klingt. Das muss dieses gute Gefühl sein, von dem viele reden, die eine Radtour machen. Ewig könnte es so weitergehen. Tut es aber nicht.

Mit einem letzten Ächzen strampelt sich Frau über den Hügel, ganz ohne Hilfe selbstverständlich, weil, das muss so sein, von wegen dem Lohn nach all der geleisteten Arbeit = Radlerlatein.

Jetzt geht's abwärts, 13 km lang. In rasendem Tempo. Mann mit 68 km/h, Frau mit 49 km/h. Zum Glück hat sie bei dieser Geschwindigkeit nicht auf den Tacho geguckt, sonst hätte sie sofort gebremst. Dieser Apparat sagt Frau ja auch hinterher, was sie alles wie schnell geleistet hat.

Diese kleinen technischen Wunderwerke mit ihren Microchips sind mit so vielen Daten ausgestattet, dass man sich 100%ig irgendwie immer verdrückt, d.h. falsches Drücken der vielen Knöpfe.

Alles, außer den Stimmungen, kann damit gemessen werden.

Die augenblickliche Geschwindigkeit, was Frau nur bei flachen Strecken attraktiv findet, auch abwärts gefällt es ihr manchmal. Die Höchstgeschwindigkeit, auch gut, aber nie ist diese Geschwindigkeit höher als die beim Mann. Die bisher zurückgelegte Tagesstrecke, auch immer ein bisschen weniger als beim Mann, weil der ja wiederum immer etwas vorfährt, um zu gucken, was vorne so los ist und dann wieder zurückfährt, weil er ja nach Frau sehen muss, ob es ihr auch gut geht.

Mann wartet geduldig, bis Frau am Ende der Abfahrt angekommen ist. Sie wollen gemeinsam in den Ort einfahren. Frau findet das Klasse.

Saou, ein kleines Dörfchen an einer Bergkette, die den Rand eines riesigen Vulkans bildet. Senkrechte Felswände stehen im Gelände rum. Sieht alles sehr verwegen aus.

Es hat aufgehört zu regnen, so dass sogar Menschen auf der Straße zu sehen sind. Darüber ist Frau sehr froh. Denn irgendjemand muss ja sehen, dass sie eine Eroberin der Landstraßen ist. Ein bisschen Stolz fühlt sie schon in ihrer Brust.

In einem winzigen Verkehrsbüro bekommen sie eine Bleibe vermittelt.

Beschwingt, weil alles so gut klappt, radelt das Paar erwartungsvoll zur Adresse.

Ihre Erwartungen werden weit übertrofffen.

Ein riesiges Anwesen, freundlich interessierte, deutschsprechende Vermieter und ein geräumiges Appartement und ein gutes Restaurant mit köstlichen Speisen. Bei Frau schleicht sich ganz leise ein Gefühl von Zufriedenheit ein. Davon wird vorsichtshalber erst mal nur kurzzeitig etwas nach außen getragen, um nicht den Anschein zu erwecken, dass es Frau an Leistung und Lernprozessen eigentlich schon reicht. Jetzt wären Dauerflusslandschaften wünschenswert.

Der Wind hat auch einen Schatten

Es regnet kaum noch, und die zurückhaltende Zufriedenheit vom vergangenen Tag lässt Frau ganz locker auf die Straßenkarte blicken. Kaum noch Steigungen, viel Grün –

das können allerdings auch tückischerweise Hügel„chen“ sein – die hasst Frau. Bei denen muss Frau sich anstrengen, ohne dass es einen vorweisbaren Erfolg zu verzeichnen gibt. Hügel„chen“ sind, nachdem sie überwunden wurden, nämlich gleich wieder verschwunden. Und diese unnötigen Hubbel kann jeder und jede bewältigen. Und ein bisschen Ehrgeiz hat Frau inzwischen schon bekommen, dass Hügel„chen“ fast keine Herausforderung mehr sind. Schließlich liegen schon drei mehr oder weniger erfolgreiche Tage hinter ihr.

Die besorgten Blicke des Mannes in die französische Luft lassen Frau aufmerksam werden. Etwas liegt in der Luft.

Der Wind, nein, schon ein bisschen heftiger und auch kälter, als dass es Wind genannt werden könnte.

Der Mistral. Gnadenlos. Überraschend heftig. In jede Pore kriechend.

Schon sinkt die Freude auf den Tag auf Null. Frau weiß, was das heißt.

Es bläst wie aus riesigen Ventilatoren von vorne, und Frau kommt nur zentimeterweise vorwärts, strengt sich aber kilometerartig an.

Den Anspruch, dass Mann dieses Hindernis beseitigt, spürt dieser, und schon steht das Leistungs- und Lernpensum dieses Tages blitzartig fest.

Mann beschützt Frau. Frau muss allerdings viel dafür tun. Eigentlich alles.

Das Windschattenfahren wird erst mal im Trockenkurs erklärt.

Die Windschnittigkeit ergibt sich, indem Frau sich tief in Richtung Lenker beugen soll. Also total ungemütlich. Das Kreuz tut schon allein bei dem Gedanken an diese Haltung weh. Sehnsucht nach dem bequemen Hollandrad und die damit verbundene aufrechte Haltung kommt auf. Und nach Windstille.

Die Stromlinienform soll erreicht werden. Das heißt, dem Wind muss der geringste Widerstand geboten werden.

Frau ist skeptisch. Ihr Körper hat zwar eine gute Linie, doch hat sie eine beständige lustvolle Neigung, sich mit ihrem Gegenüber zu konfrontieren. Bei Wind gelingt der Dialog leider nicht so gut. Er gewinnt immer.

Im Klartext heißt das für Frau, dass sie hinter dem breiten Kreuz des Mannes verschwinden soll. Und zwar direkt an seinem Hinterrad. Also wirklich.

Angeblich geht dann alles viel leichter. Frau soll sich sogar ausruhen können. Und wird automatisch gezogen. Na, wer das glauben soll. Frau nicht.

Mann radelt begeistert direkt vor Frau und gibt immer Anweisungen, wo sich der Windschatten gerade befindet. Frau findet einfach nichts.

Nur Stress.

Gleich stoßen sie zusammen oder übersehen ein entgegenkommendes Auto oder ein Tier, das die Straße kreuzt, oder etwas, was Frau noch gar nicht weiß. Sie weiß nur eins. Ihr Wind hat keinen Schatten.

Die Radbeziehung von Mann und Frau wird auf den ersten Tag zurückgeworfen.

Frau glaubt Mann nichts.

Mann sucht sein Glück im schnellen Wegstrampeln.

Getrenntes verbissenes Wegradeln der Kilometer auf der eigentlich schönen Strecke durch das Rhonetal. Frau nimmt wenig von der eigentlichen Schönheit wahr. Nur den Wind nimmt sie wahr. Er pustet sie fast vom Rad.

Zermürbt bittet sie um eine nochmalige Audienz beim Meister des Windschattenfahrens. Vielleicht ist ja doch was dran. Hoffentlich.

Ein nochmaliger Versuch hat zumindest für Bruchteile von Sekunden bei Frau den Anschein erweckt, dass sie mit diesem Phänomen etwas Erleichterung bekommen könnte. Aber der endgültige Beweis muss natürlich erst noch erbracht werden. So schnell ist die überzeugte Windschattenfahrerin nicht geboren.

Die härteste Prüfung für Frau ist, dem Mann voll im radlerischen Sinne zu vertrauen.

Dieses Vorderrad-an-Hinterradfahren erfordert ihre ganze Konzentration. Sie hat keine Zeit mehr, in die Gegend zu gukken. Gefahren schon frühzeitig richtig einzuschätzen. Sie sieht nicht, was von vorne kommt. Eine sehr ungewohnte Situation. Weil, eigentlich betrachtet sie das als ihre Aufgabe. Und darin ist sie ziemlich gut. Nur im radlerischen Sinne leider noch nicht.

Als sich das Glück des Schattens endlich einstellt, fahren die beiden wie eingeschweißt hintereinander. Nichts trennt sie.

Mann gibt Gefahrenzeichen. Frau weiß, was sie bedeuten, oder zumindest stellt sie Vermutungen an. Loch in der Straße oder platter Vogel = glitschig könnten die Bedeutungen sein. Alles paletti.

Frau wird zwar nicht gezogen, sondern muss schon hart arbeiten, um an dem Hinterrad zu bleiben Aber es geht zugegebenerweise ein bisschen leichter. Und das mit diesem Stromlinienformfahren leuchtet ihr immer noch nicht so richtig ein. Zum Entspannen muss sie sich einfach ab und zu aufrichten, sonst bricht das Kreuz einfach ab. Und das will ja keiner.

Kleinere Pausen in kleinen, historisch wertvollen Städtchen geben den Eindruck, als wären sie im Urlaub.

Auffällig häufig kehrt Mann mit Frau in den Cafés ein, bis Frau erkennt, dass nicht die volle Blase, kann ja auch gar nicht sein, so viel wie der Wind an Flüssigkeit wegfegt hat oder die liebevolle Rücksicht auf die Bedürfnisse der Frau, sondern der Fernseher und die Giganten der Landstraße, den Mann diese Örtlichkeiten in schlafwandlerischer Sicherheit finden lassen. Großzügig darf Frau Kaffee oder gar Eis – wird ja alles wieder weggeradelt – zu sich nehmen. Der Speisechef kennt sich in allen Tabellen der Vitamin-, Zucker-, Kohlehydrat-, Magnesium- und Sonstnochwas-Zufuhr aus. Und Frau darf jetzt ein Eis essen. Das muss eine hohe Auszeichnung sein, die Frau gar nicht annehmen kann, weil es nur ihren eher ausgetrockneten Gaumen noch mehr verkleben würde. Also Kaffee und drei „Eimer" Panache (sinnigerweise in der Übersetzung Radler genannt).

Die Jungs kämpfen sich auf den französischen Alpen, Galibier, der mindestens, wenn nicht noch mehr gigantische Meter hoch ist, bei Sauwetter ab. Bei solchen Bedingungen hätte Frau nur in voller Bergsteigerkletterausrüstung, mit Seil und Spitzhake, den Berg gemacht. Aber da sie das auch nicht kann, wendet sie sich lieber den Vergnügungen des Hier und Jetzt zu.

Postkarten werden geschrieben. An möglichst alle. Es wird mit Kilometerangabe, Berghöhenangaben und auch Stimmungsbefindlichkeiten nur so gewuchert. Und der Mann darf zum Schluss auch noch eine, natürlich nur anerkennende, höchstens aber witzige Bemerkung drunterschreiben. Ist ja wohl klar.

Das Tagesziel am Fuße des Mont Ventoux liegt nicht mehr weit.

Frau ist schon im Trott, leider noch nicht im erstrebenswerten Tritt drin, dass sie sogar vergisst, ihren Kilometerzähler nach den Wahrheiten zu befragen.

Bei der Ankunft in Malucaine, dem Pilgerort fast aller Möchtegernrennradler, erwartet Frau ein Spalier von Fans am Straßenrand, die ihre unglaubliche Tagesleistung von 95 km! bewundern.

Tut aber wieder mal keiner. Also tut Frau es selbst. Und sogar der Mann kann nicht umhin. Ganz gut fürs Erste. Immerhin für den Mann schon eine ziemlich überschwengliche Anerkennung für Frau.

Eigentlich ist diesem Tag nichts mehr hinzuzufügen. Nur noch ein gutes Bett.

Das muss gefunden werden, und dann aber.

Nichts Rechtes will den Tapferen zusagen.

Es liegt wohl daran, dass wenige Kilometer weiter eigentlich ein Feriendomizil mit obernetten Leuten wartet und der unausgesprochene Wunsch von Mann und Frau im Raum steht, am liebsten dort zu sein.

Aber es sind noch immerhin 14 km bis dorthin zu überwinden.

Und was für welche. Selbst Mann hält sich mit der Forderung nach Weiterfahrt und Durchhalteparolen zurück.

Frau will eigentlich, vielleicht, aber fast ganz bestimmt keinen einzigen Zentimeter mehr fahren. Aber auf jeden Fall nicht bergauf.

Verhängnisvollerweise haben diese obernetten Leute im oberschönen Bedoin noch direkter am Fuße des Mont Ventoux ein Telefon in ihrem Domizil.

Ratzfatz ist angerufen. Große Freudensbekunden über die Nähe des ebenfalls obernetten Radlerpaares sind zu hören, so dass schon leichte Erscheinungen der Erweichung zu Gunsten einer Weiterfahrt auftreten. Frau bringt trotz der glimmenden Freude aber nur noch ein gequältes Mundwinkellächeln zustande.

Die Entscheidungen werden ohne sie getroffen. Sie sollen abgeholt werden, und das Radlerpaar fährt ihnen langsam! entgegen.

Selbst die Kraft zum Widerspruch fehlt Frau, nur die Hoffnung der baldigen Begegnung lässt sie noch auf dem Fahrrad und nicht neben dem Fahrrad sitzen.

Die warme Hand des Mannes im schweißnassen Rücken der Frau zwecks schnellerer Beförderung über den Berg, lässt noch auf nichts Außergewöhnliches schließen.

Doch das Schiebetempo wird immer atemberaubender. Frau findet gar nicht so schnell den höheren Gang. Eigentlich braucht sie gar nichts mehr zu tun, als sich festzuhalten.

Und es geht nicht bergab, sondern bergauf! Fragende Blicke bekommen eine Antwort.

Die obernetten Menschen, die ihnen hoffentlich gleich begegnen werden, sollen vor Staunen dahinfließen über solch eine grandiose Leistung des Radlerpärchens, in dieser Geschwindigkeit über den Berg zu fliegen. Es gibt kein Entkommen für Frau. Da muss sie durch. Und es klappt. Gerade als das obernette Paar mit dem erlösenden Auto um die Ecke biegt, lässt Mann ganz zufällig die helfende Hand aus dem Rücken der Frau verschwinden. Erst jetzt begreift Frau den ausgefeilten Hintergedanken. Ein bisschen geflunkert werden muss schon ab und zu mal, um grandiose Leistungen zu unterstreichen. Die Begegnung bringt auch die kurzweilige Bewunderung.

Ein kleines Gipfelfoto wird geschossen, denn schließlich sind dies erst mal für einige Tage die letzten Kilometer für Frau auf dem Rad.

Dieses obernette Paar setzt sich aus einem – wie könnte es anders sein – Radler und einer Nichtradlerin zusammen. Wobei die letzte Tatsache nicht bedeutet, dass sie nicht doch eine Radlerbraut werden könnte. Sie kennen sich noch nicht so lange. Die Infektionsgefahr ist besonders groß.

Das heißt im Klartext für den Mann: Jetzt wird richtig Rad gefahren und Frau kann neue Energie schöpfen für die Wege, die noch auf sie warten.

Zwischentöne

Frau kann nur schwer begreifen, dass sie es gemeinsam mit Mann bis an den Fuß des „Heiligen" Bergs geschafft haben. Sie guckt sich immer und immer wieder ihre geleistete Strecke an und weiß zu jeder kleinen Straßenbiegung auf der Karte eine entsprechende Gefühlsbefindlichkeit zu schildern. Sowohl große Freude über die gerade zu spürende Leichtigkeit bis zu tiefem Hass auf den Mann und die blödsinnige Idee, solch eine mörderische Fahrt bei diesen Temperaturen und Bergen zu machen.

Mann kann dem wenig hinzufügen. Er hält sich mehr an Pulswerte, Höchstgeschwindigkeiten und wo er Frau geschoben hat, was aber keinen so richtig interessiert. Das obernette Paar sieht es als völlig selbstverständlich an, dass ein Mann in dieser Topform Frau die helfende Hand in den Rükken legt. Da redet Mann doch eigentlich nicht drüber.

Jetzt ist aber die Zeit gekommen.

Mann muss sich an Mann messen.

Frau und Frau klinken sich aus und befassen sich mit den wirklichen Problemen der Welt.

Die Messung geht nicht gut aus.

Mann wird krank. Zu viel Sonne. Zu viel Anstrengung. Zu viel irgendwas. Zu viel ist dann doch falsch gelaufen. Ja, Frau war halt nicht dabei. Somit scheidet Mann für weitere Messungen aus.

Nicht dass etwa ein Fünkchen Reue bei Mann zu bemerken wäre, dass das Radeln mit Frau viel gesünder sein könnte, nein, nein. Aber Frau weiß Bescheid, leistet selbstverständlich einige krankenpflegerische Dienste und kann sich dann beruhigt in den Liegestuhl legen und endlich das zerknitterte Taschenbuch aus der Fahrradtasche ziehen.

Die Weihe

Taschenbücher sind gelesen, Krankheiten überwunden, Schwüre auf ewige Vernunft geleistet und ein leichtes Kribbeln macht sich breit, als doch tatsächlich der Berg ruft.

Der Berg der Winde, der Mont Ventoux, der Berg, an dem Simson (das war so ein armer Radler, der den Schwur der ewigen Vernunft nicht geleistet hatte und außerdem durch und durch gedopt war) starb, der Berg, den jeder Radler kennt; Frauen kennen ihn weniger.

Der Radlermann will es sich antun. Frau wird aufgefordert, sich auch mal wieder ein bisschen einzufahren, weil die Reise ja bald weitergeht.

Mann hat diesen Berg ja schon zweimal bezwungen, aber jedesmal kann er dem erneuten Ruf nicht widerstehen.

Vergnügt wird gemeinsam losgefahren. Leichte Aufregung liegt in der Luft. Wie wird es werden? Wer besiegt wen?

Gute Ratschläge werden noch ausgetauscht und los gehts.

Mann fährt los und verschwindt auf lange Zeit.

Frau fährt langsam auch in diese Richtung. Nicht etwa hinterher. Nein. Nur in diese Richtung. Mal sehen, wie weit Frau kommt. Ungefähr 26 km sollen es sein.

Frau denkt an nichts, sondern tritt so vor sich hin, als plötzlich der erste heiße Atem von hinten fast an ihren Nacken kommt.

„O la la, madame, quel courage."

Ein durch und durch gestylter Franzose, der wohl in der Mittagspause mal kurz den Berg hochfährt, zieht an Frau vorbei.

Frau lächelt tapfer, ist irritiert und muss erst mal anhalten und das eben Gehörte übersetzen und trinken.

O la la heißt doch wohl so viel wie ‚Alle Achtung'. Das findet Frau auch.

Madame heißen wohl alle Frauen, hoffentlich nicht nur die älteren. Quel courage, ach, dieser Mann hat die wahre Eigenschaft von Frau sofort erkannt. Frau hat Mut. Sie wusste es bis dahin nur noch nicht so richtig. So ein bisschen könnte es aber auch bedeuten, dass dieser Franzose es als selbstverständlich annimmt, dass Frau vor der Mittagessenzubereitung bis oben hin fährt. Das steht aber noch in den Sternen, wie weit Frau fahren „will".

Aber der Tag hat ja erst angefangen und ein bisschen kann Frau ja noch fahren, bis zur nächsten Kurve und dann kann ja neu entschieden werden. Keiner drängt Frau.

Frau setzt sich neue Ziele. 10 km sollen es werden. Das wäre gut als Training. Dann fährt sie gemütlich zurück.

Aus 10 km werden 11 km, weil, in der nächsten Kurve ist ein schattiges Plätzchen mit Sitzbänken zu sehen.

Die Beine zittern vor Anstrengung, der Schweiß läuft in Strömen. Frau hat ein Gefühl von unglaublicher Sportlichkeit, als sie am Rastplatz ankommt. Sofort fällt Frau ein altes französisches Paar auf, das sich dieses Plätzchen ebenfalls ausgesucht hat. Sie sind ihr sehr wohlgesonnen; Frau meint das zumindest am Tonfall herauszuhören, wie sie sie begrüßen. Essen wird angeboten. Wieder mal lauter kleine französische Köstlichkeiten. Sie erzählen viel. Frau kann nur leider aus bekanntem Grund keine fachlich hochqualifizierten Beiträge leisten.

Eine plötzliche Attacke von einem Schwarm Stechfliegen auf die sportlich stinkende Radlerin lässt die Idylle sprengen. Ein letzter französischer Gruß. Frau muss sofort weiter, sonst wird sie von diesen widerlichen Viechern aufgefressen.

Leider kann sie natürlich jetzt nicht den Weg nach unten in Richtung Liegestuhl einschlagen, weil die zwei Menschen ihr so erwartungsvoll hinterherschauen und an sie glauben. Der Zuruf „Bon voyage“ klingt für Frau so, als würde sie jetzt mit ihrem Reisegepäck ins Flugzeug steigen und ans Mittelmeer fliegen. Weit gefehlt. Vor ihr liegen die längsten Kilometer ihres Lebens.

Es gelingt Frau sogar gleich beim ersten Mal aufs Fahrrad zu kommen und loszufahren. Hoch natürlich.

Die Zielpunkte werden immer kürzer. Die Pausen auch. Diese Fliegenplage lässt zeitweise gar keine Pause mehr zu. Frau fährt jetzt sogar ein bisschen schneller, da sie in Erinnerung hat, dass je höher es wird, es bald keine Fliegen mehr gibt.

Und Frau ist schon sehr hoch. Beeindruckend hoch. Die Aussicht ist atemberaubend. Und das ist sie ganz allein hochgefahren. Sie klopft sich stellvertretend für alle Bewunderer und Bewunderinnen auf die Schultern. Sie gönnt sich vorsichtig eine Pause. Keine Fliegen mehr, aber dafür ein Rascheln direkt neben ihr im Wald.

Panik ergreift Frau. Ein Wildschwein. Oder ein anderes Schwein. Frau allein auf einsamer Flur. Sie sieht schon die Schlagzeilen vor sich: „Hoffnungsvolle Mont-Ventoux-Bezwingerin kurz vor dem Ziel abhanden gekommen." Mann ist untröstlich. Wo sie doch schon fast gut war.

Der ganze Genuss ist hin. Das Herz rast. Frau strampelt sich die halbe Lunge aus dem Hals, bis sich die vermeintliche Gefahr verzogen hat. Ängstliche Blicke nach hinten sollen ihr versichern, dass bestimmt keine Gefahr mehr droht. Dabei war's doch gerade so schön.

15 km sind schon auf dem Anzeiger, als ein weißer 2 CV mit den zwei fremdenfreundlichen Menschen vom Rastplatz an mir vorbeituckern. Die Frau – so um die 70 Jahre – ruft wie außer Rand und Band aus ihrem hochgeklappten Fenster französische Anfeuerungen, so dass sich die ganze Haltung von Frau sofort in eine sportliche Neigung nach unten biegt und sie in die Pedale tritt, nur um ihr zu zeigen, dass Frau es zu würdigen weiß, dass sie an Frau glauben.

Weg sind sie. Ist auch gut so. So kann Frau sich wieder mal ein bisschen hängen lassen, denn auf Dauer ist diese windschnittige Haltung nur anstrengend. Und Wind gibt es hier oben sowieso nicht.

Die Landkarte deutet darauf hin, dass jeden Moment die letzte Raststätte vor dem Gipfel kommen müsste. Diese Raststätte wird zum neuen Ziel erklärt. Dort wird Frau auf Mann warten.

Sie kann in keine Raststätte gehen, weil, womöglich fährt Mann vorbei, ohne dass Frau bemerkt wird. Das wäre nicht auszudenken. Weil, Frau will es jetzt wissen und gesehen werden.

Wo bleibt er eigentlich? Schließlich sind es nur noch 5 km bis zum Gipfel. Panik schleicht hoch. Und wenn er doch an Frau vorbeigefahren ist? Schrecklich, dieser Gedanke.

Einige Radler, die Frau beim Aufstieg überholt haben, kommen ihr vom Gipfel entgegen. Dick eingepackt, so als sei es sibirisch kalt.

Die Wolken, die sich über dem Gipfel sammeln, sehen auch gar nicht freundlich aus.

Jetzt oder nie. Mit letzter Kraft schwingt Frau sich auf und fährt ihrem Schicksal entgegen.

Sie überholt im Schneckentempo verzweifelte, verbissene, eiserne Menschen, die ihr Fahrrad schieben. So weit würde Frau ja nun wirklich nicht gehen. Nur um auf dem Gipfel gewesen zu sein.

Es liegen noch lange 5 km vor ihr.

Die Landschaft ist alles andere als verlockend. Ein eiskalter Wind bläst und es ist schrecklich steil und irgendwelche unpassenden Bleigewichte hängen an ihren Beinen. Alles tut weh. Und der innere Schweinehund meldet sich.

Noch 4 km, steht auf der Straße geschrieben. Soll wohl aufmunternd wirken. Tut es auch. Aber nur kurz. Frau rechnet nur noch meterweise, dann wieder mal 10-meterweise, um sich weiter zu motivieren.

Noch 3 km!

Da hört sie einen Aufschrei.

Der Mann! Oder zumindest klang die Stimme so.

Er ist da!

Alles wird gut.

So viel unbeschreibliches Glück über diese Begegnung lässt Frau leider vergessen, dass sie noch fest mit diesen saublöden Pedalen verschweißt ist, und das Unvermeidliche passiert.

Mitten auf dem gigantischen Berg fällt Frau um.

Aber sie kann nur lachen.

Zum Glück sind alle noch anwesenden Versessenen zu sehr mit sich selbst beschäftigt, so dass die Peinlichkeit noch glimpflich abgeht.

Frau ist sowieso alles egal. Bis hierhin und nicht weiter.

Sie muss eigentlich nichts mehr tun.

Mann geleitet sie zum Straßenrand. Das Fahrrad wird ihr geschoben. Getränke werden ihr gereicht. Stärkungsmittel hineingestopft. Angeblich braucht sie das jetzt.

Bewunderung wird haufenweise über sie geschüttet. Eigentlich wäre der nächste Schritt, dass sie auf Händen getragen wird.

So viel Fürsorge rührt schon zu Tränen.

Geduldig wird gewartet, was Frau nun für eine Entscheidung trifft.

Warum diese letzten Kilometer auf den Gipfel so beschwerlich sind, begreift Frau beim direkten Anblick auf diese Steinwüste. Da springt eigentlich kein Motivationsfunke mehr über, das geschafft haben zu müssen.

Wieder ziehen Völkerscharen von schiebenden und keuchenden Radlern an Frau vorbei. Sie müssen nach oben. Na ja, sollen sie doch.

Frau muss nicht.

Ihr reicht das.

Sie ist sowieso schon verwundert über sich selbst.

Außerdem beginnt es zu regnen.

Auch Mann unterstützt sie tatsächlich, den letzten Aufstieg zu lassen.

Das ist total langweilig.

Mann ist auch nur mal kurz hochgeradelt, hat sich auf dem Gipfel kurz fotografieren lassen und ist dann sofort wieder runter. Also alles gar nicht so wichtig. Oder?

Alle zur Verfügung stehenden regensicheren Sachen werden angezogen.

Es wird empfindlich kalt.

Ein letzter Blick zurück.

Und schon ist er weg. Der Berg. Eingehüllt in Wolken.

Frau ist zufrieden mit ihrer Entscheidung.

Eile ist angesagt.

Es grummelt am Himmel, und die Wolken sehen ziemlich bedrohlich aus. Man hat ja schon so allerhand von Berggewittern gehört.

Die Abfahrt beginnt.

Frau soll es laufen lassen. Ganz locker.

Nichts anderes macht sie die ganze Zeit.

Laufen lassen heißt: NIE BREMSEN!

Daran hält sie sich auf jeden Fall nicht.

Frau bremst vom Anfang bis zum Ende, und ab und zu lässt sie sich auch mal los. So ist es am besten! Für sie.

Immerhin zeigt der Allesmesser die Höchstgeschwindigkeit von 52 km/h. Also so schlecht ist sie gar nicht gefahren.

Sie ist jedenfalls vollkommen zufrieden mit sich und der Welt.

Und die Welt ist auch zufrieden mit ihr.

In allen Details wird die Leistung von Frau durchanalysiert. Es ist kaum zum Aushalten für Frau, so im Mittelpunkt des „sportlichen" Interesses zu stehen.

Für Frau steht fest: Sie ist nur einfach vor sich hingeradelt, mit mehr oder weniger interessanten Angeboten vom inneren Schweinehund zum Umkehren. Dem hat sie widerstanden. Das ist alles. Punkt.

Geradeaus und immer vorwärts

Mann und Frau nehmen Abschied vom obernetten Paar und stürzen sich in neue Abenteuer auf der Landstraße. Avignon heißt das nächste Ziel, das angefahren werden soll.

Leider verabschiedet sich der Berg sehr unfreundlich. Es gießt in Strömen, und Frau und Mann müssen sich oft unterstellen. Die Abenteuerlust droht in Abenteuerfrust umzuschlagen. Nur die Begegnung mit gleichgesinnten Radlerpaaren läßt Frau und Mann halbwegs motiviert weiterradeln. Und irgendwann muß ja mal die südliche Sommerhitze wiederkommen.

Aber anstatt Sommerhitze kommen Menschenmassen. In Avignon sind die Theaterfestspiele. Frau hat sich immer einmal gewünscht, zu diesem Zeitpunkt in dieser berühmten Stadt zu sein. Allerdings nicht unbedingt in diesem Zustand, in dem sie sich derzeit befindet. Jetzt müssten die Fahrradtaschen doch ein bisschen größer sein, damit das eine oder andere Kleidungsstück ihren durchtrainierten Körper schmükken könnte. Mann hat für derlei Ansinnen kein Verständnis. Wir machen eine Radtour, keine Modenschau. Immer praktisch denken. Alles klar. Den Papstpalast muss Frau besichtigen, das gehört einfach zum kulturellen Muss. Mann wartet draußen, so dass Frau auch nicht mehr so viel Spaß hat.

Das Paar ist froh, eine Unterkunft zu haben, in einer Kneipe mit obligatorischer Pizza und Fernseher zu sein und das Ende der Tour de France gerade noch miterleben zu können.

Es werden noch mehrere Runden im Touristenstrom durchlaufen, Leute anglotzen und ein bisschen lästern und dann auch schon wieder an morgen denken. Frau muss schließlich fit sein für die letzte Etappe ihrer Reise.

Der letzte Wille

Frau und Mann werden vom Mistral aus der alten ehrwürdigen Stadt geblasen. So hat sich das der Mann auch ausgedacht. Er ist für den Weg zuständig. Den günstigsten natürlich. Nichts darf mehr zu beschwerlich sein. Frau will nur noch vorwärtsgeblasen werden. Ist ja wohl klar.

Das ist natürlich nur bedingt möglich, da das Tourende Anduze in den Cevennen liegt, und der Wind sich leider nicht nach den Wünschen von Mann und Frau richtet.

Mann übernimmt die strenge Führung zum Wind. Er überlistet ihn regelrecht, so dass Frau ihm vor Dankbarkeit zu Füßen liegt. Sie hat nämlich keinen Sinn mehr für Anstrengungen dieser Art. Berge sind zu bewältigen, weil sie im Weg liegen, aber Wind aus der falschen Richtung rauben ihr den letzten Nerv.

Die Höhepunkte der Tour sind überschrittten, das Lernpensum erfüllt, die Steigerung kaum noch möglich, die Landschaft immer noch atemberaubend, der Puls auch schon fast normal und alle Pannen bewältigt.

Nach 94 km ist das Ziel erreicht. Frau und Mann fallen sich in die Arme. Sind stolz aufeinander und miteinander. Die normale Welt hat sie wieder. Und der Regen auch. Liebe Freunde holen sie ab.

Vom Mann hat man nichts anderes erwartet, als dass er es mit links schafft. Trotzdem umgibt auch ihn eine heldenhafte Aura. Einige Männer kommen vorbei und suchen bei ihm die Herausforderung, ob er auch wirklich so gut ist, wie erzählt wird. Nach dieser Tour kann er nur noch darüber lächeln. Das muss erst mal jemand nachmachen.

Drei Wochen totales Fahrradloslassen für Frau sind angesagt. Nur auf verschiedene Huldigungen ihrer Person lässt sie sich ab und zu noch ein. Dieses Kapitel ist für sie abgeschlossen.

Inhalt